O LIVRO DO
FEROMONAS

MIGUEL CAMPOS

1ª edição

GALERA
— *junior* —
RIO DE JANEIRO
2015

CIP-BRASIL. CATALOGAÇÃO NA PUBLICAÇÃO
SINDICATO NACIONAL DOS EDITORES DE LIVROS, RJ

C21L   Campos, Miguel
        O livro do feromonas / Miguel Campos.- 1. ed.- Rio de Janeiro: Galera Record, 2015.

        ISBN 978-85-01-10652-0

        1. Ficção juvenil portuguesa. I. Título.

15-25618 CDD: 028.5
        CDU: 087.5

Título original:
O livro do feromonas

Copyright © Miguel Campos, 2015
Todos os direitos reservados. Proibida a reprodução, no todo ou em parte, através de quaisquer meios. Os direitos morais do autor foram assegurados.

Layout de miolo e adaptação da capa: TypoStudio

Texto revisado segundo o novo Acordo Ortográfico da Língua Portuguesa.

Direitos exclusivos de publicação em língua portuguesa somente para o Brasil adquiridos pela
EDITORA RECORD LTDA.
Rua Argentina, 171- Rio de Janeiro, RJ- 20921-380- Tel.: 2585-2000, que se reserva a propriedade literária desta tradução.

Impresso no Brasil
ISBN: 978-85-01-10652-0

Seja um leitor preferencial Record.
Cadastre-se e receba informações sobre nossos lançamentos e nossas promoções.

Atendimento e venda direta ao leitor:
mdireto@record.com.br ou (21) 2585-2002.

MIGUEL CAMPOS

Introdução - 08
Manual de instruções - 10
O que você sabe sobre mim? - - - - - - - - - - - - - - - - 16
1 — Desafio Impossível - - - - - - - - - - - - - - - - - - - 30
2 — Desafio do cabelo arco-íris - - - - - - - - - - - - - - 32
3 — Desafio do passeio - - - - - - - - - - - - - - - - - - - 34
4 — Desafio da pose artística - - - - - - - - - - - - - - - 36
5 — Desafio da leitura labial - - - - - - - - - - - - - - - 38
6 — Desafio da esperteza natural - - - - - - - - - - - - - 40
7 — Desafio do vilão - 48
8 — Desafio da pontaria - - - - - - - - - - - - - - - - - - 50
9 — Desafio da malagueta - - - - - - - - - - - - - - - - - 52
10 — Você é o poeta - 54
11 — Desafio de empilhar biscoitos gordinhos - - - - - - - 58
12 — Desafio da dentada no limão - - - - - - - - - - - - - 60
13 — Desafio dos pregadores de roupa - - - - - - - - - - - 62
14 — O desafio mais tonto - - - - - - - - - - - - - - - - - 64
15 — Desafio do tubacórnio - - - - - - - - - - - - - - - - 66

16 — Desafio do parkour - - - - - - - - - - - - - - - - - - 70

17 — Desafio do resgate - - - - - - - - - - - - - - - - - - 72

18 — Desafio dos marshmallows - - - - - - - - - - - - - - 74

19 — Desafio da pasta de dentes - - - - - - - - - - - - - 76

20 — Desafio da aranha - - - - - - - - - - - - - - - - - - 78

21 — Desafio do bacon - - - - - - - - - - - - - - - - - - 80

22 — Desafio das frases idiotas - - - - - - - - - - - - - - 82

23 — Desafio do beijo - - - - - - - - - - - - - - - - - - 88

24 — Desafio do bigode - - - - - - - - - - - - - - - - - - 90

25 — Desafio disparatado - - - - - - - - - - - - - - - - - 92

26 — O desafio da sua vida - - - - - - - - - - - - - - - - 94

27 — Desafio do riso - - - - - - - - - - - - - - - - - - - 98

28 — Desafio das palavras - - - - - - - - - - - - - - - - - 100

29 — Desafio do ovo podre - - - - - - - - - - - - - - - - 102

30 — Desafio dos sapatos trocados - - - - - - - - - - - - 104

31 — Invente a própria namorada - - - - - - - - - - - - - 106

32 — Desafio dos comentários idiotas - - - - - - - - - - - 110

33 — Desafio do presente-que-não-agrada-ninguém - - - - 112

34 — Desafio do desenho impossível - - - - - - - - - - - - 114

35 — O grande, grandioso, espetacular, fabulástico,
fenonásticoooooooooooooo desafio do jogo Feromonas! - - - - 116

Soluções - 118

Agradecimentos - 122

Aqui é o Feromonas!

Sejam bem-vindos
a este livro
espetacular!!!

Introdução

BOAS, PESSOAL, meu nome é Miguel Campos, mas vocês devem me conhecer como Feromonas. Este livro é uma oportunidade única de poder compartilhar com vocês todas as minhas aventuras e principalmente os meus desafios. Você vai poder me conhecer um pouco melhor e se desafiar a ter coragem para completar alguns desafios muito loucos.

Normalmente sou eu quem completo desafios nos meus vídeos, agora... é a sua vez! E quero saber como você vai fazer isso.

Se você me segue nas redes sociais como o Facebook, Twitter ou Instagram, ótimo! Se não, comece já a me seguir porque eu quero que compartilhe comigo as fotos e os vídeos dos seus desafios!

Este vai ser o primeiro livro em que vou poder escrever tudo o que quero. Olhe, por exemplo: "BACON". HAHA! E é por isso que os meus pais dizem que, apesar de eu ser meio maluco, este vai ser um livro fantás... erm... fenonástico!

Quero que este livro seja um livro "meu" e seu, e é por isso que todas as ideias e os desafio que proponho são coisas que já fiz ou pretendia fazer no meu canal de YouTube.

Acredite ou não, se tiver a coragem de completar estes desafios, você pode se considerar um herói!

Poucos completaram todos os desafios e sobreviveram... HAHAHAHAHAHAHAHAHAHA!!!

Estou brincando....

Manual de instruções

Este não é um livro como os outros.

Para lê-lo, você vai precisar de alguns acessórios!

Tome nota e comece a reuni-los!

.Um celular com câmera para registrar
em foto ou em vídeo os resultados dos desafios.

.Redes sociais como o Facebook, o Twitter ou o
Instragram para compartilhar as imagens que mostram os resultados dos seus desafios.

.Acesso a internet, claro, para publicar as
suas imagens e seus vídeos nas redes sociais.

E ainda...

- Fatias de bacon

- Biscoitos gordinhos ou casadinhos

- Pregadores de roupa de madeira

- Marshmallows

- Tigela + azeitonas, tremoços, uvas ou algo do gênero

- Caneta e papel

- 6 ovos

- Spray para pintar o cabelo

- Banana + Coleira

- Material para fazer um bigode postiço

- Limão

- Pasta de dentes

- Malagueta

- Aranha ou outro bicho assustador de borracha

Antes de se lançar à aventura dos desafios fantásticos que preparei para você, preste atenção: no final de cada um, terá de avaliar o seu desempenho e escolher a imagem que melhor representa o seu resultado no desafio:

E não se esqueça de compartilhar todos os seus desafios com as hashtags correspondentes que: estão no pé da página!

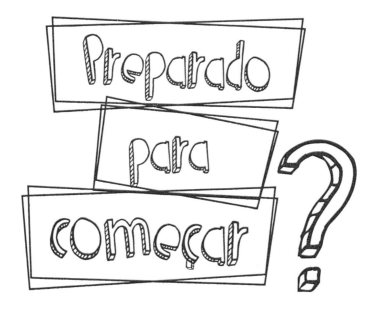

$(\widehat{\cdot}\ \underline{\flat}\ \widehat{\cdot})$

O que você sabe sobre mim?

BOAS, PESSOAL,

eu sou o Feromonas!

Fenom para os amigos. E Miguel para a família.

Você acha que sabe jogar? Então assinale a resposta certa
e descubra o que sabe sobre mim!

Ei, e não vale espiar as respostas no final!

1: Este é um teste sobre...

A) A pessoa mais linda no mundo;
B) Os problemas financeiros da Grécia;
C) Feromonas;
D) A Arte do balé.

2: E vocês perguntam: Por que Feromonas?

A) Segundo a Wikipedia, sou uma "substância segregada por um animal que influencia o comportamento ou o desenvolvimento morfológico, ou ambos, de outros animais da mesma espécie, tais como os estimulantes sexuais das borboletas e o cheiro deixado pelas formigas";
B) Porque ninguém resiste a mim e me perseguem onde quer que eu esteja;
C) Porque o meu nome original era "fenomenal!" (Daí o Fenom), mas o meu amigo Jinx achava que era presunçoso e começou a tentar me insultar — fedelho, doninha fedorenta... —, até que um deles — feromonas — ficou, e quando descobri o que significava já era tarde...;
D) Porque sou como um autêntico ímã de seguidores no YouTube.

3: Quantos seguidores tenho no meu canal de YouTube?

A) Um (só eu mesmo);
B) Dois (os meus pais);
C) Onze (Obriguei o meu time de futebol a se inscrever);
D) Mais de dois milhões e meio (Sabe-se lá por quê!).

4: O que é que eu faço, exatamente, para ter tantos seguidores?

A) Reúno os amigos e faço sessões de striptease para o meu canal;
B) Crio jogos de computador com grafismos espetaculares de olhos fechados;
C) Divirto-me jogando, grito e esperneio e gravo tudo para depois compartilhar no meu canal de youtube;
D) Como bacon o dia todo e grito para mim mesmo: "Bacon é vida!"

5: Salvo raras exceções, com que regularidade posto vídeos no meu canal?

A) Uma vez por ano, no meu aniversário;
B) Muito raramente;
C) Diariamente — já tenho quase dois mil vídeos;
D) Semanalmente, porque só nos finais de semana me lembro de gravar vídeos.

6: Como se chama o meu fandom?

A) Fenoninhos e fenoninhas;
B) Ferominhos e ferominhas;
C) Minibacons e caras de lula;
D) Os fenom juniores.

7: Como é a minha relação com o meu fandom?

A) Nunca vejo os comentários para não me distraírem e para não influenciarem a minha produção de vídeos;
B) Tento falar com os meus seguidores diariamente e leio os comentários que postam. Os positivos motivam o meu dia, os negativos me divertem;
C) Vejo os comentários, mas quase nunca respondo, porque sou tímido e não sei o que dizer;
D) Vejo os comentários uma vez por semana porque não tenho tempo para ver diariamente.

8: Como é que tudo isso começou?

A) Ofereceram-me um canal de YouTube no natal e comecei a postar vídeos;

B) Era inicialmente um canal coletivo, mas, como sou forever alone, fiquei sozinho administrando o canal;

C) Comecei jogando no ZX Spectrum nos anos 1980 e, quando surgiu o YouTube, resolvi criar um canal para dar asas à minha imaginação;

D) Em 2001, me juntei a uma comunidade de Minecraft de um servidor chamado BT Craft, e os comentários dos meus vídeos me incentivaram a criar o meu próprio canal.

9: Por que sou tão exuberante nos meus vídeos?

A) Porque detesto a minha vizinha de baixo e tento irritá-la fazendo a maior barulheira possível todos os dias;

B) Porque sou naturalmente explosivo e não tenho problemas em demonstrar minhas emoções. Além disso, acho importante compartilhar boa disposição e energia positiva, e é o que tento fazer sempre no meu canal;

C) Porque o YouTube valoriza vídeos em que as pessoas gritam e pagam mico e penaliza os vídeos de gente chata;

D) Porque fui atacado por caras de lula.

10: Qual é o jogo de que mais gosto e no qual sou mais explosivo?

A) Minecraft;
B) Battlefield: Hardline;
C) Fifa 15;
D) Call ou Duty: Advanced Warfare.

11: Qual o desafio mais louco que já lancei ao meu fandom?

A) Detector de mentiras (desafio chocante);
B) Tente não rir (com o meu pai);
C) Desafio da malagueta;
D) Desafio do cocô.

12: Qual o vídeo com mais visualizações?

A) Os aventureiros;
B) Lego Marvel Super Heroes;
C) Um milhão de fenoninhos;
D) A lenda de Herobrine.

13: Quanto do meu tempo dedico ao meu canal de YouTube?

A) Nenhum, compro tudo feito e publico;
B) Muito pouco, porque os meus pais só me permitem meia hora por dia no computador;
C) Várias horas por dia para produzir dois vídeos diários;
D) Tanto tempo que já não sei: existe vida lá fora?

14: É possivel ganhar dinheiro fazendo vídeos para o YouTube?

A) Não. Isso é uma lenda urbana;
B) Sim, mas é preciso ter uma quantidade insana de visualizações, e o YouTube paga um X por visualização;
C) Não, a menos que sejamos acionistas do YouTube;
D) Sim, mas não em Portugal, porque os impostos ficam com tudo.

15: O que mudou na minha vida com o fenômeno Feromonas?

A) Na prática, muito pouco: continuo a ser o mesmo jogador entusiasmado de sempre, a produzir vídeos diariamente e a me divertir como louco durante os jogos. Passei a ter apenas um rendimento próprio e se abriram algumas portas;

B) Com a fama e a fortuna, eu me mudei para uma mansão milionária e passei a ir às aulas de helicóptero;

C) Na faculdade, os professores acham que sou um gênio e me dispensam das provas;

D) A fama me subiu à cabeça e agora só me dou com outras estrelas da internet, da TV e das revistas.

16: O que gosto de fazer no meu tempo livre?

A) Nada. Não tenho tempo livre, conforme atestam as minhas olheiras;

B) Passo todo o meu tempo livre grudado nos jogos;

C) Gosto sobretudo de jogar e sair com os amigos;

D) Sou profissional de balé.

17: Que sonhos quero concretizar no futuro?

A) Escalar o Kilimanjaro, aprender a fazer suflê, escrever um romance e ter uma horta;
B) Acabar o curso de informática, experimentar parkour, fazer dublagens de filmes de animação e aprender a cozinhar bacon para deixar de comê-lo cru;
C) Dar a volta ao mundo num balão e aprender a dançar quizomba;
D) Ser faixa preta de caratê e fazer um retiro espiritual de budismo e ioga nas montanhas do Tibete.

- -

ACABOU? BOA!

Então agora vamos ver se você é mesmo um Fenoninho de verdade. Consulte as soluções no final do livro e conte 5 pontos a cada resposta certa.

Coloque aqui a sua pontuação Fenonástica

Prepare-se para mais desafios Fenonásticos!

Sou conhecido por cumprir os desafios mais estúpidos de toda a galáxia internética, mas me divirto muito com essas maluquices e, como tenho o melhor fandom do mundo, arrasto os meus Fenoninhos e Fenoninhas comigo.

Se você pertence ou quer pertencer ao meu fantabulástico fandom, encha-se de coragem e de um pouco de loucura e aceite os desafios que proponho neste livro.

Existem 35 desafios, você pode fazer todos eles ou apenas alguns, mas precisa registrá-los em fotografia ou vídeo e divulgá-los para o resto da comunidade de Fenoninhos. Como?

Cada desafio tem uma #hashtag correspondente. É preciso compartilhar no Facebook, no Twitter ou no Instagram a imagem que retrata o resultado do seu desafio, e ela vai ser listada com as outras imagens com a mesma #hashtag.

Entre no jogo e compartilhe a sua aventura fenonástica!

Eu estarei sempre atento a essas contribuições dos meus Fenoninhos e vou escolher as mais espetaculares, desastrosas, horrendas e fenonásticas e partilhá-las nas minhas redes sociais, com o devido crédito aos autores.

Vou também convidar alguns dos Fenoninhos que aderirem aos desafios do livro e gravar um desafio com eles! Vamos aumentar ainda mais essa grande e espetacular comunidade fenonástica!

Se tem coragem e algum espírito de aventura, vire a página e embarque no seu primeiro desafio!

O desafio impossível é baseado no meu famoso desafio do cocô, essa mítica experiência youtubiana.

Para este desafio, prepare-se com o seu melhor avental, instale-se na cozinha e escolha um copo bem grande. A seguir, é preciso misturar e liquidificar os seguintes ingredientes: Pepino, malagueta, beterraba, hortelã, aipo e uma folha de couve.

Depois de misturar os ingredientes, tire uma foto segurando o copo antes de beber esse suco "delicioso", e outra foto depois de beber. Ei, e não vale cuspir a bebida!

Junte as duas no paint/photoshop e publique a imagem nas redes sociais, com a hashtag #desafioimpossivel

Compre umas latas de tinta em spray na farmácia — de preferência daquelas que saem com água (conselho de amigo...) — e crie padrões artísticos coloridos no seu cabelo (ou no da sua irmã, se ela deixar)

Depois tire uma fotografia e compartilhe nas redes sociais com a hashtag #fenomiris

Este é um desafio para fazer na rua, e só para gente cara de pau!

Prenda uma banana a uma coleira e leve-a para passear pelo shopping ou pela área mais movimentada do bairro!

Peça a um amigo que te fotografe com a banana na coleira — assim como a reação das pessoas ao te verem passar! — e compartilhe a imagem nas redes sociais com a hashtag #passeiodabanana

#passeiodabanana

Você vive numa cidade bonita ou num bairro meio tosco? Não importa! Todos os cenários são bons para o desafio da pose artística!

Escolha um cenário para a fotografia, seja um ponto turístico, uma fonte luminosa ou um ponto de ônibus, e peça a um amigo para te fotografar numa pose poética ou arrojada. Pode ser inspirada na poesia, na dança, em Camões ou no corcunda de Notre Dame. Quanto mais criativa, melhor!

Ah, e claro, não se esqueça de incluir na fotografia a expressão de choque de quem passa!

Compartilhe a sua pose nas redes sociais com a hashtag #posepublica

Junte-se a um amigo e gravem em vídeo este desafio!
Um articula uma palavra com os lábios, sem fazer qualquer som, e o outro tenta adivinhar.

Quanto mais complicada a palavra, melhor!

Compartilhe o vídeo nas redes sociais com a hashtag #fenomlabios.

Espero que você seja um bom aluno na escola — porque as maluquices são só para os tempos livres — e o próximo desafio exige que
tenha prestado atenção nas aulas. Prepare-se porque eu vou testar
— sem dó nem piedade! — quanto vale o seu cérebro.

Vai ser megadivertido!

1: Qual a figura geométrica que tem mais lados?
A) O triângulo
B) O quadrado
C) O hexágono

2: Qual o símbolo químico da água?
A) A_2O
B) H_2O
C) X_2O

3: Quanto é (257 + 320 - 12) x 43?
A) 6145
B) 24295
C) 10

4: Qual a ciência que estuda os animais?
A) Biologia
B) Zoologia
C) Animalologia

5: Quem escreveu "Os Lusíadas"?
A) Luís Vaz de Camões
B) Marcelo Rebelo de Sousa
C) Anselmo Ralph

6: Qual o estado mais ao sul do Brasil?
A) Rio Grande do Sul
B) Ceará
C) Santa Catarina

7: Qual o animal mais veloz?
A) O musaranho
B) A tartaruga
C) A chita

8: Quem foi o primeiro imperador do Brasil?
A) Cristiano Ronaldo
B) D. Pedro I
C) Pedro Álvares Cabral

9: Qual a capital de Portugal?
A) Freixo de espada à cinta
B) Barreiro
C) Lisboa

10: Quando o Brasil ficou independente?
A) 13 de maio de 1888.
B) 15 de novembro de 1899.
C) 7 de setembro de 1822.

Acabou sem soltar fumaça pelas orelhas? ótimo!

Então agora confira as soluções no final do livro.

Se você acertou a maioria das respostas...

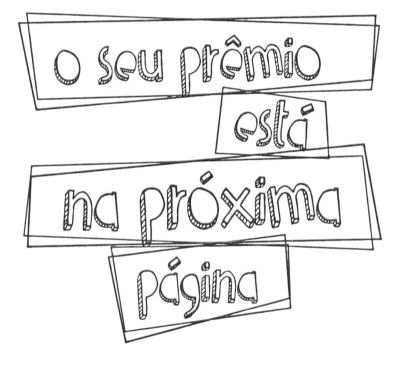

Qual é o seu vilão preferido? Você consegue recriá-lo no próprio rosto?

Assalte discretamente a caixa de maquiagem da sua mãe e se pinte para ficar com um ar ameaçador. Sobrancelhas carregadas, sinal na cara, bigodinho de Hitler...

Se tiver imaginação — e meios — para tanto, acrescente acessórios como um nariz postiço de bruxa ou uma cabeleira que o faça parecer um cientista louco!

Tire uma fotografia e compartilhe-a nas redes sociais com a hashtag #fenomvilao

Você tem uma pontaria de mestre ou é um autêntico desastre?

Junte numa tigela um punhado de tremoços, uvas ou azeitonas (não recomendo doces porque fazem mal à saúde e estragam os dentes) e peça a um amigo que filme o mico que você vai pagar em seguida.

Um a um, atire os tremoços/uvas/azeitonas no ar e apanhe-os com a boca! Quero ver quantos você consegue apanhar em 30 segundos!

Está pronto, fenoninho?

1, 2, 3........................

Compartilhe o vídeo nas redes sociais com a hashtag #pontaria

Este desafio já é bem conhecido, mas os resultados ridículos fazem com que valha a pena repeti-lo aqui!

Peça a um amigo que grave em vídeo ou fotografe o resultado deste desafio apimentado. Pegue uma malagueta bem picante e... coma-a a dentadas! Ei, não vale engolir sem mastigar!

Aviso:
Não exagere na quantidade de malaguetas!

Não queremos que tenha uma dor de barriga e não nos responsabilizamos por eventuais visitas ao hospital.

Publique as imagens ardentes nas redes sociais com a hashtag #desafiomalagueta

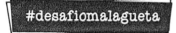

Tem jeito para a escrita?
É uma alma romântica e criativa?
Não? Não faz mal, porque neste desafio você se transforma em uma!
Vai ser megapoético!

Você precisa escrever um poema meloso que inclua as seguintes palavras:

BACON
CABEÇUDOS
GUERREIRO
TORNADO

Mãos à obra, quero ver do que você é capaz!

Compartilhe o resultado nas redes sociais com a hashtag #poetaferomonico

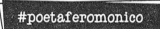

56

Bacon
é amor,
bacon
é vida!

11

Desafio de empilhar biscoitos gordinhos

Você gosta de biscoitos?

Quase todo mundo gosta, mas neste desafio não se pode comê-los...

Escolha entre as prateleiras coloridas do supermercado os biscoitos mais gordinhos que encontrar, ou então casadinhos (aqueles redondos e recheados da padaria), e... empilhe-os!

Quantos você consegue empilhar até que a construção desmorone?

Grave um vídeo da sua obra e compartilhe-o com a hashtag #fenombolachas

12

Desafio da dentada no limão

O limão é uma fruta muito saudável, cheira muito bem e é usado das mais diversas formas, do chá aos doces. Mas o desafio aqui é... comê-lo a dentadas! Só é preciso um limão partido em quatro, dentes afiados e muita coragem!

E um amigo que grave ou fotografe a cena, claro. Queremos ver a sua cara nas redes sociais.

Basta colocar a hashtag #desafiodolimao

13

Desafio dos pregadores de roupa

Todo mundo sabe que os pregadores de roupa servem para prender a roupa no varal enquanto ela seca.

Mas proponho dar um novo uso a eles!

Instruções:

1. Roube os pregadores de roupa da sua mãe — depois precisa devolvê-los!

2. Prenda-os na sua cara, quanto mais, melhor! Nas sobrancelhas, em volta dos maxilares, nas orelhas... coloque pregadores de roupa onde conseguir...

3. E, claro, tire uma fotografia!

Queremos ver como você vai ficar — e saber quantos pregadores conseguiu pôr no rosto!

Para isso você precisa compartilhar a imagem com a hashtag #fenomolas
PS.: Depois não se esqueça de devolver os pregadores à sua mãe!

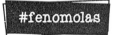

14

O desafio mais tonto

Neste desafio, você precisa desarrumar um pouco a sala, mas depois pode pôr tudo no lugar. Faça uma espécie de "corredor" com as cadeiras da mesa de jantar, duas ou três enfileiradas de cada lado, e peça a um amigo que se coloque numa ponta desse "corredor".

Vá até a outra ponta e dê seis voltas em torno de si mesmo — se puder contar com ajuda para não cair enquanto gira, melhor. Depois de dar as seis voltas, tente percorrer todo o "corredor" sobre as cadeiras, passando de uma para a outra.

Quero ver se consegue fazer isso sem cair no chão!

Compartilhe o seu vídeo do desafio mais tonto nas redes sociais com a hashtag #dizzychallenge

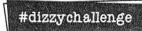

15

Desafio do tubacórnio

Se gosta de desenhar, você vai adorar este desafio!

Pegue um lápis, vende os olhos com um lenço ou um pano de prato e desenhe sem ver... um tubacórnio! Não sabe o que é? Então não está na cara que é um animal meio tubarão, meio unicórnio?

Mãos à obra! Quero ver o resultado da sua criatividade nas redes sociais. Basta colocar a hashtag #tubacornio

68

Eu sou conhecido como o rei do parkour... mas só no mundo virtual!

E neste desafio você vai ter de se arriscar no parkour, mas no mundo real!

Como você sabe, o parkour é uma modalidade em que se fazem percursos de um ponto ao outro da maneira mais difícil: Em vez de simplesmente caminhar, a pessoa salta por cima de todo o mobiliário urbano e arquitetura que aparecer à frente, quanto mais obstáculos melhor.

Faça um pequeno percurso, saltando de cima de um banco de jardim ou trepando em um pequeno muro (nada de locais altos, ok? Não quero ver pernas e cabeças quebradas!), e peça a um amigo que grave ou fotografe as suas manobras de parkour.

Mostre-me seu valor, compartilhando as imagens nas redes sociais com a hashtag #fenomparkour

17 Desafio do resgate

Alguma vez você recebeu um daqueles e-mails de spam em que um amigo está supostamente num país distante e pede dinheiro para conseguir voltar para casa?

Pois imagine que está mesmo num país distante e que eu sou esse tal amigo a quem você vai pedir ajuda: em meia dúzia de linhas, invente uma história mirabolante e me convença a enviar o dinheiro!

Depois coloque a pequena história numa imagem (use o instatext ou outro programa semelhante) para poder compartilhá-la mais facilmente nas suas redes sociais. Não esqueça de colocar a respectiva hashtag: #ransomnonte

#ransomnote

18

Desafio do marshmallows

Sabe o que são marshmallows?

São doces esponjosos, com um ar tão artificial que só devem ser comidos muito de vez em quando, e hoje é o dia!

Coloque na boca o maior número de marshmallows que conseguir, até que suas bochechas se pareçam com as de um hamster.

Tire uma foto quando estiver de boca cheia e, claro, compartilhe nas redes sociais! A hashtag é #marshmallow

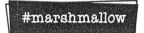

19 Desafio da pasta de dentes

Este desafio é altamente refrescante!

Encha completamente a palma da mão com pasta de dentes e... dê uma bofetada em si mesmo! Não seja muito bruto, para não se machucar, apenas o suficiente para que a pasta de dentes fique bem marcada na cara!

Tire uma foto (tente não sujar a máquina fotográfica ou o celular!) e compartilhe nas redes sociais com a hashtag #pastadedentes

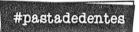

Todo mundo sabe que sou aracnofóbico, que é outra forma de dizer que... tenho pavor de aranhas! Por isso este desafio é, para mim, especialmente apavorante!

Arranje uma aranha (de borracha!!) ou outro bicho assustador, como uma cobra (lembre-se de que é de borracha!!), e esconda-a perto de algum conhecido. Pode ser de um amigo quando estão em um café, no intervalo da escola ou debaixo de uma mochila, depois de um treino de futebol.

Assim como quem não quer nada, mantenha o celular pronto para tirar uma fotografia ou gravar um pequeno vídeo da reação.

Acredite, vai ser irado!

Queremos ver esse susto nas redes sociais com a hashtag #ferosusto

Todo mundo sabe que sou conhecido como o rei do bacon, mas este desafio que proponho a vocês leva a minha paixão por esta iguaria suína a outro nível: pegue uma boa fatia de bacon e com ela... dê tapas em si mesmo (!) enquanto grita:

Tapas de bacon! Tapas de bacon! Tapas de bacon! Tapas de bacon! Tapas de bacon! Tapas de bacon! Tapas de bacon! Tapas de bacon! Tapas de bacon! Tapas de bacon! Tapas de bacon! Tapas de bacon! Tapas de bacon! Tapas de bacon! Tapas de bacon! Tapas de bacon!

Quero ver esse autoflagelo em foto ou em vídeo, e para isso você só precisa compartilhar a sua imagem nas redes sociais.

Use a hashtag #chapadasdebacon

Ei, como é a sua relação com frases idiotas?
Existem muitas na sua vida?
Saltam da sua boca sem que consiga se controlar?

Então fique sabendo que você não é o único!

Neste desafio, é preciso escolher a frase mais idiota entre várias frases idiotas.

Mãos à obra!

A) A maior parte das nossas importações vem de fora do país.
George W. Bush (ex-presidente dos EUA).

B) O meu coração só tem uma cor: azul e branco.
João Pinto (jogador de futebol).

C) Fumar mata. Quando se morre, perde-se uma parte muito importante da vida. *Brooke Shields (atriz norte-americana)*

D) É trágico! Uma vasta área de pinhal de eucaliptos está pegando fogo! *RTP.*

E) Minha vida deu uma volta de 360 graus.
Adriane Galisteu (modelo e apresentadora brasileira).

F) Nós somos humanos como as pessoas.
Nuno Gomes (jogador de futebol).

Já escolheu?

Então, seja qual for o resultado da sua escolha, você ganhou um prêmio porque todas as frases eram mesmo muito idiotas!

O prêmio está à sua espera nas páginas seguintes — você pode recortá-lo e colar na porta da geladeira ou no espelho do banheiro para vê-lo todos os dias e se lembrar de como é genial escolhendo frases idiotas!!!

Encontre alguém de quem gosta e, mostrando a ele(a) esta parte do livro, explique que você tem um desafio pela frente:
Dar um beijo nele(a)!

Peça a um amigo que registre a cena em fotografia e compartilhe-a nas redes sociais — com a devida autorização do(a) "beijado(a)"! — com a hashtag #beijofenonastico

Se descolou um(a) novo(a) namorado(a), me agradeça mais tarde!

O bigode voltou à moda e quero ver você seduzir o mundo com um espalhafatoso bigodão!

Use a imaginação, descole o bigode mais original que conseguir, tire uma fotografia e compartilhe-a nas redes sociais com a hashtag #bigodeferomonico

Aqui vão imagens de vários formatos de bigode para você se inspirar! Pode desenhar, usar algodão ou papel de feltro. Use a imaginação. Mas não deixe o bigodão em casa...

Geralmente sou eu a ser observado, nos vídeos que compartilho no YouTube, mas também gosto muito de observar as outras pessoas. Aprende-se bastante e pode ser muito divertido!

Não acredita? Então vai descobrir que sim, com o próximo desafio — o desafio disparatado.

Em conversa com alguém da sua confiança, faça pausas inesperadas durante a conversa e observe a reação da pessoa.

Descreva-a depois em algumas linhas, e mostre aos amigos!

Compartilhe o seu texto nas redes sociais com a hashtag #desafiodisparatado

— — — — — — — — — — — — — — — —

— — — — — — — — — — — — — — — —

— — — — — — — — — — — — — — — —

— — — — — — — — — — — — — — — —

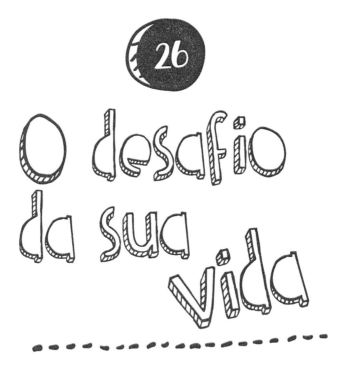

Você tem uma voz de barítono e jeito de compositor? Não? Não faz mal, aceite o desafio assim mesmo!

Quero conhecer a história da sua vida e para isso... só você só precisa escrever e cantá-la em uma música!

Mãos à escrita, pegue o instrumento musical mais próximo e dê vazão à sua criatividade!

O "Instrumento musical" pode ser uma panela como se fosse uma bateria, com garfos e colheres em vez de baquetas, ou outro qualquer. Quanto mais original, melhor!

Grave a música em vídeo e compartilhe nas redes sociais com a hashtag #feromusica

Escreva a letra fenonástica da sua música.

96

97

Rir faz bem à saúde e quero ver os meus fenoninhos e fenoninhas sempre felizes!

Por isso, desafio você a gravar em vídeo o seu riso mais estrondoso e espetacular, para contagiar o mundo cibernético. Prepare a câmera, comece a rir com toda a alma e compartilhe nas redes sociais com a hashtag #feroriso

28

Desafio das palavras

Olhe, pegue essas palavras cruzadas que fiz aqui em dois minutos enquanto espera por um novo vídeo meu, ou enquanto você não completa o próximo desafio!

Escolhi oito das minhas palavras preferidas. Neste intervalo você vai testar seus conhecimentos sobre mim e também sua rapidez de raciocínio! Encaixe as oito palavras da lista na grade e conte o tempo que levou cumprindo o desafio!

Um... dois... três... valendo!

Lista de palavras: FEROMONAS, MINECRAFT, AVENTUREIROS, FENONÁSTICO, BACON PIRATA, ARANHA E PARKOUR
Depois, só é preciso compartilhar a imagem do resultado final e o respectivo tempo nas redes sociais com a hashtag #feropalavras

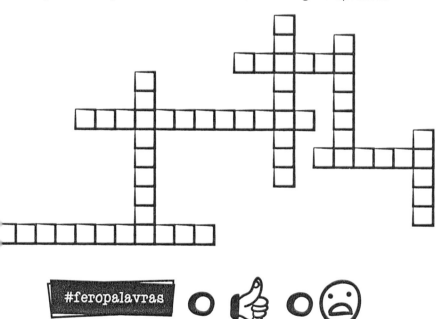

Este é um dos desafios que talvez você tenha visto no meu canal do YouTube.

Você pode fazê-lo com um amigo ou com alguém da família que não se importe de ficar todo sujo.

Para completá-lo, você vai precisar de 6 ovos (de preferência podres!) e vai ter de pedir à sua mãe para cozinhar 5 deles. Depois, peça a alguém que misture aleatoriamente os 6 ovos numa caixa e prepare-se para jogar uma espécie de roleta-russa! Alternadamente, cada um vai pegar um ovo e esmagá-lo no topo da própria cabeça. Quem escolher o ovo cru, perde... E ganha uma viagem até o chuveiro!

Compartilhe nas redes sociais a imagem do azarado com o ovo espalhado na cabeça e use a hashtag #ovopodre

30

Desafio dos sapatos trocados

Você tem coragem de sair com dois sapatos diferentes e tirar uma foto desse jeito, num local público?

Consegue ir para a escola assim? Ao café ou ao cinema? Você é ou não é um fenoninho?

Espero que sim, porque é esse o seu próximo desafio!

Escolha o local mais movimentado das redondezas e faça uma pose de modelo. Com dois sapatos descombinados! Quero ver essas fotos nas redes sociais. Basta colocar a hashtag #sapatostrocados

31

Invente a própria namorada

Este é um grande desafio, inspirado num dos meus vídeos: o objetivo é que você crie a sua namorada — ou namorado — dos sonhos! É alta, baixa, gordinha ou magricela? Tem cabelos curtos ou uma grande juba? Aventure-se imaginando como seria o/a namorado/a dos seus sonhos e coloque no papel — mais precisamente na página seguinte — tudo o que passa pela sua imaginação!

Pode ser num desenho, numa colagem com recortes de revista ou pode mesmo criar este ser incrível no computador — você decide!

Quero ver essa obra-prima nas redes sociais. Compartilhe-a com a hashtag #namoradadesonho

108

32

Desafio dos comentários idiotas

Quem usa as redes sociais sempre encontra pessoas que são troll e que fazem comentários estúpidos sobre os mais diversos assuntos.

Eu acho que devia haver um top de comentários idiotas, você não concorda? Então, vamos criá-lo!

Descubra nas redes sociais o comentário mais idiota possível e — sem identificar o autor, porque não queremos manchar a reputação de ninguém! — compartilhe-o nas suas redes sociais com a hashtag #comentariotroll

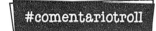

33

Desafio do presente-que não-agrada ninguém

Neste desafio, é preciso entrar num site de busca — como o Google, por exemplo — e fazer uma pesquisa para encontrar o presente mais esquisito de todo o mundo virtual. Escolha palavras-chave como presente, oferta, gift etc., e veja que imagens encontra.

Entre aquelas que surgem na pesquisa, escolha a que parece o presente mais esquisito do mundo e compartilhe a imagem nas redes sociais com a hashtag #presenteesquisito

Você daria esse presente à sua mãe???

34

Desafio do desenho impossível

O QUE SÃO FEROMONAS?

Este desafio é muuuuuito difícil, mas tenho a certeza de que você vai conseguir dar conta dele! Pegue lápis e papel e tente representar num desenho o que são... Feromonas! Já conhece o significado da palavra, não é? (Se não se lembra, vá espiar no início do livro.) Mãos à obra! Estou ansioso para ver esses desenhos circulando nas redes sociais, com a hashtag #oquesaoferomonas

E finalmente...

O grande, Grandioso, Espetacular, Fabulístico Fenonásticooooooooooooooooooooo

Desafio do jogo
Feromonas

Você está pronto para o maior desafio de todos?
Espero que sim, porque vem aí o fantástico, o incrível...

Desafio do jogo feromonas!!!

Prepare-se para enlouquecer toda a família com o desafio mais trabalhoso e irritante da história da humanidade.

Você precisa recortar as imagens com o nome deste livro e... e colá-los por toda a casa, nos lugares mais absurdos e inesperados!
As imagens podem ser encontradas nas últimas páginas do livro.

No botão da descarga, nos porta-retratos fofinhos dos bebês da família, na dentadura da avó... Quero ver a sua criatividade quando compartilhar as fotografias da sua obra feromônica nas redes sociais:
Use a hashtag #ferocaras

Respostas ao teste da pág. 18:

1 — C
2 — C
3 — D
4 — C
5 — C
6 — A
7 — B
8 — D
9 — B (Embora a resposta "A" não esteja longe da verdade...)
10 — A
11 — D
12 — B
13 — C
14 — B
15 — A
16 — C
17 — B

Respostas ao desafio da esperteza natural da pág. 41:

1 — C
2 — B
3 — B
4 — B
5 — A
6 — A
7 — C
8 — B
9 — C
10 — C

Resposta ao desafio das palavras cruzadas

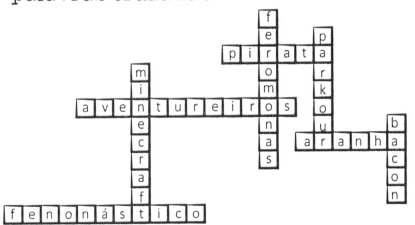

Espero que tenha se divertido tanto quanto eu com estes jogos e desafios fenonásticos!

Estou esperando ver seus vídeos e imagens nas redes sociais. Não se esqueça de compartilhá-los comigo e com o mundo virtual! Vamos criar uma onda de desafios espetaculares invadindo a net!

Você já sabe que vou selecionar alguns para compartilhar nas minhas páginas.

youtube.com/Fer0m0nas
facebook.com/feromonasYT
twitter.com/Feromonas_

AGRADECIMENTOS

Fico extremamente contente por escrever este livro, que vai marcar a minha vida para sempre. Agradeço especialmente aos meus pais, por terem acreditado no meu sonho de ser Youtuber, e à melhor comunidade do YouTube, os Fenoninhos.

FENARKIA!

um abraço
eeeeee
até a
próxima

Este livro foi composto nas tipologias Calibri, Denne Suffle, Djb Holly Jolly e AnyTypewriter. E impresso em papel offset no Sistema Cameron da Divisão Gráfica da Distribuidora Record.